50 Jus pour Perdre du Poids:

Devenez plus Mince en 10 Jours ou Moins!

Par

Joseph Correa

Diététicien Certifié des Sportifs

DROITS D'AUTEUR

© 2016 Finibi Inc

Tous droits réservés

La reproduction ou la traduction d'une partie de ce travail au-delà de ce qui est permis par l'article 107 ou 108 de la Loi sur le droit d'auteur aux États-Unis sans la permission du propriétaire du droit d'auteur 1976 est illégale.

Cette publication est conçue pour fournir des informations exactes et fiables en ce qui concerne la matière couverte.

Elle est vendue avec la compréhension que ni l'auteur ni l'éditeur ne sont engagés dans l'apport de conseils médicaux. Si des conseils ou une assistance médicale deviennent nécessaires, consulter un médecin. Ce livre est considéré comme un guide et ne doit pas être utilisé en aucune façon pour nuire à votre santé. Consultez un médecin avant de commencer ce plan nutritionnel pour vous assurer qu'il s'adapte à vos besoins.

REMERCIEMENTS

La réalisation et le succès de ce livre n'auraient pas pu être possibles sans la motivation et le soutien de toute ma famille.

50 Jus pour Perdre du Poids:

Devenez plus Mince en 10 Jours ou Moins!

Par

Joseph Correa

Diététicien Certifié des Sportifs

SOMMAIRE

Droits d'auteur

Remerciements

A propos de l'Auteur

Introduction

50 Jus pour Perdre du Poids: Devenez plus Mince en 10 Jours ou Moins!

Autres Grands Titres de cet Auteur

A PROPOS DE L'AUTEUR

En tant que nutritionniste certifié des sportifs, je crois fermement qu'une nutrition convenable vous aidera à atteindre vos buts plus rapidement et efficacement. Ma connaissance et mon expérience m'ont aidé à vivre en meilleure santé tout au long des années que j'ai partagées avec la famille et les amis. Plus vous en saurez sur le fait de manger et de boire pour une meilleure santé, plus tôt vous voudrez changer votre vie et vos habitudes alimentaires.

La nutrition est essentielle dans le processus d'être en meilleure forme et de vivre plus longtemps, alors commencez dés aujourd'hui.

INTRODUCTION

50 Jus pour Perdre du Poids vous aideront à perdre du poids naturellement et efficacement. Ils ne remplacent pas les repas mais devraient compléter vos repas normaux de jour en jour.

Être trop occupé pour manger correctement peut devenir quelquefois un problème et c'est pourquoi ce livre vous fera gagner du temps et vous aidera à nourrir correctement votre corps pour atteindre les buts que vous vous êtes fixés.

Ce livre vous aidera à :

-Perdre du poids rapidement.

-Réduire la graisse.

-Avoir plus d'énergie.

- Accélérer naturellement votre métabolisme pour devenir plus mince.

-Améliorer votre système digestif.

Joseph Correa est un diététicien certifié des sportifs et un athlète professionnel.

50 JUS POUR PERDRE DU POIDS

1. Mix de Jus de Pommes

C'est un excellent jus à prendre avant l'exercice ou après le dîner et c'est une bonne façon de vous aider à perdre du poids. Et pourquoi cela? Les pommes sont faibles en calories et leurs fibres vous aident à vous sentir rassasié pour plus longtemps, parce qu'elles remplissent l'estomac et vous rassasient, ce qui implique moins de calories dans votre estomac. Le jus de concombre est très riche en eau et vous savez que l'eau est importante pour la perte de poids. Dans une étude récente, les adultes consommant de l'eau supplémentaire ont perdu 2 kilos de plus que ceux qui ne l'ont pas fait.

- La pomme : elle améliore la santé neurologique.
- Concombre : aide à la perte de poids et à la digestion
- Citron : Aide à réduire les douleurs et inflammations des articulations et des genoux

- Orange: Régule la tension artérielle
- Banane: Joue un rôle en améliorant la mémoire et remonte le moral

Ingrédients:

- Pomme – 1 moyenne 162g
- Concombre – 1 concombre 301g
- Citron - 1/2 fruit 25g
- Orange - 1 grande 154g
- Banane- 1 moyenne 150 g

Préparation :

- Laver tous les ingrédients. Eplucher si nécessaire.
- Les mettre tous ensemble dans la centrifugeuse pour en faire un jus.

Nombre de calories: 280

Vitamines: Vitamine A 27µg, Vitamine C 101.2mg, Calcium 108mg, Vitamine B-6 0.328mg, Vitamine E 1.54mg, Vitamine K 49.7µg

Minéraux: Cuivre 0.418mg, Magnésium 52mg, Phosphore 137mg, Sélénium 2.1µg, Zinc 1.07mg

2. Jus « Fruit Mania »

Goûtez cet étonnant jus qui n'est pas seulement délicieux, mais en plus il va vous aider à maigrir plus vite et à assainir votre corps. Les ingrédients comme le poivre de Cayenne peuvent aider à entretenir votre feu métabolique. La mangue, "le fruit de l'Inde", comme on l'appelle quelquefois, a une richesse d'aliments et c'est une source supérieure de carotène béta et de vitamine C. Cela signifie que plus d'éléments nutritifs vous recevez, moins vous devez manger par repas. Assurez-vous d'ajouter ce jus à vos repas quotidiens.

- Pomme : Protège votre corps des effets des radicaux libres
- Poivre de Cayenne : Agent anti-cancérigène possible
- Mangue: Améliore la digestion
- Orange: Alcalinise votre corps
- Banane: Abaisse la tension artérielle

Ingrédients:

- Pomme – 1 grande 213g
- Poivre de Cayenne (épices) - 1 pincée 0.11g
- Mangue (épluchée) - 1 fruit (sans le noyau) 316g
- Orange (épluchée) - 1 grande 154g
- Banane (épluchée) – 1 moyenne 150 g

Préparation:

- Laver tous les ingrédients. Eplucher si nécessaire.
- Les mettre tous ensemble dans la centrifugeuse pour en faire un jus.

  Nombre de calories : 265

Vitamines: Vitamine A 128µg, Vitamine C 122.1mg, Vitamine B-6 0.409mg, Vitamine E 2.38mg, Vitamine K 12.1µg, Calcium 68mg, Fer 0.72mg

Minéraux: Cuivre 0.319mg, Magnésium 41mg, Phosphore 68mg, Sélénium 1.9µg, Zinc 0.31mg

3. Le Jus Magique de Pomme

Voici un autre jus délicieux qui vous aidera à améliorer votre style de vie et accroître le rythme de votre perte de poids. Les carottes luttent contre la graisse à cause de leur contenu en fibres, plus de la moitié est de la fibre de pectate de calcium soluble. Cela aide à diminuer les niveaux de cholestérol dans le sang en éliminant les acides de bile. À la fin, le cholestérol sera éliminé de la circulation sanguine pour faire plus d'acides de bile et cela baissera votre cholestérol. Il aide aussi à éliminer les excès liquides du corps. Appréciez ce jus et faites-en une routine quotidienne. Il vous donnera des résultats positifs.

- Pommes : Prévient la démence
- Carottes: Prévient l'AVC (accident vasculaire cérébral)
- Racine de Gingembre : Aide à contrôler le rythme cardiaque
- Citron : Prévient la croissance et la multiplication des bactéries pathogènes

- Mangue: Aide pour les diabètes

Ingrédients:

- Pomme - 1 moyenne 180g
- Carottes - 2 moyennes 112g
- Racine de Gingembre - 1/2 pouce 10g
- Citron (épluché) - 1/2 fruit 25g
- Mangue (épluchée) – 1/2 fruit 70 g

Préparation :

- Laver tous les ingrédients. Eplucher si nécessaire.
- Les mettre tous ensemble dans la centrifugeuse pour en faire un jus.

Nombre de calories: 161

Vitamines: Vitamine A 521µg, Vitamine C 17.9mg, Calcium 30mg, Fer 0.53mg, Vitamine B-6 0.212mg, Vitamine E 1.02mg, Vitamine K 12.9µg

Minéraux: Cuivre 0.114mg, Magnésium 21mg, Phosphore 54mg, Sélénium 0.1µg, Zinc 0.25mg

4. Jus Booster de Perte de Poids

Voici une recette de jus simple, mais très efficace pour la perte de poids. Le chou n'est pas consommé autant qu'il devrait l'être. C'est une grande source de vitamine C riche en fibres. Les poires sont aussi une bonne source de fibres. Les études ont montré que si vous mangez plus de trois poires par jour, vous consommerez moins de calories et vous perdrez plus de poids. Elles ont aussi vraiment un haut niveau de fructose et de glucose ; cela fournit une source naturelle d'énergie. Les poires contiennent du bore et cela aide le corps à retenir le calcium, en vous donnant une meilleure santé. C'est une grande recette pour vous et votre famille.

- Pomme: Réduit le risque de diabète
- Chou : Aide à diminuer la pression sanguine
- Citron : Aide à soigner le coup de froid commun
- Poires: Prévient le cancer

Ingrédients:

- Pomme - 1 moyenne 180 g
- Chou (rouge) - 3 feuilles 72g
- Citron (avec couenne) - 1/2 fruit 27g
- Poires - 2 moyennes 346g

Préparation:

- Laver tous les ingrédients. Eplucher si nécessaire.
- Les mettre tous ensemble dans la centrifugeuse pour en faire un jus.

Nombre de calories: 205

Vitamines: Vitamine A 29µg, Vitamine C 48.1mg, Thiamine 0.059mg, Vitamine B-6 0.213mg, Vitamine E 0.3mg, Vitamine K 33.6µg, Calcium 52mg

Minéraux: Cuivre 0.203mg, Magnésium 27mg, Phosphore 50mg, Sélénium 0.6µg, Zinc 0.3mg

5. Super Jus d'Epinards

Les épinards sont une grande source de fibre pour notre système digestif. C'est un agent nettoyant qui enlève les résidus accumulés au fil des années dans le système digestif. À cause de son effet laxatif sur le corps, il améliorera aussi les fonctions d'éliminations. Le citron a toujours été un grand ingrédient pour essayer de maigrir, aussi bien que les pommes, car ils aident à diminuer votre cholestérol. C'est un jus délicieux que vous pouvez apprécier à tout moment.

- Céleri: Il aide à se calmer
- Citron : Aide à la production des sucs digestifs
- Poires : Aide à construire votre système immunitaire
- Orange: Régule l'hypertension artérielle
- Epinards: Gardent la peau et les cheveux sains et en bonne santé
- Pommes : Diminuent le mauvais cholestérol

Ingrédients:

- Céleri – 3 tiges, grandes 206g
- Citron (épluché) – ½ fruit 25g
- Poire- 1 moyenne 170g
- Orange (épluchée) – 1 grande 180g
- Epinards – 4 poignées 100g
- Pommes – 2 moyennes 350g

Préparation:

- Laver tous les ingrédients. Eplucher si nécessaire.
- Les mettre tous ensemble dans la centrifugeuse pour en faire un jus.

Nombre de calories: 243

Vitamines: Vitamine A 406µg, Vitamine C 107.2mg, Calcium 219mg, Fer 3.16mg, Choline 45.9mg, Vitamine B-6 0.56mg, Vitamine K 413.5µg

Minéraux: Cuivre 0.253mg, Magnésium 114mg, Phosphore 121mg, Sélénium 1.3µg, Zinc 0.67mg

6. Merveilleux Jus Frais

Si vous voulez maigrir, essayez cette recette de jus. Elle vous mettra dans la bonne direction. Les betteraves sont un bon moyen de nettoyer le sang et de renforcer la vésicule biliaire et le foie. Les carottes aident le foie à se nettoyer et à libérer plus de bile et stimuleront en même temps votre système immunitaire, en vous donnant un corps en bonne santé. Elles contiennent aussi de la beta carotène qui est connue pour réduire le risque de plusieurs cancers. Les aliments contenus dans ce jus vous fourniront beaucoup de fibre et peuvent remplacer facilement un repas si nécessaire, mais avec l'avantage d'avoir moins de calories. C'est une recette délicieuse que vous devriez ajouter dans votre vie quotidienne.

- Betterave : Soutien la désintoxication
- Banane: Réduit les risques de leucémie
- Carottes : Améliorent la vision
- Poivron : Prévention de la migraine et maux de tête

Ingrédients:

- Betterave - 1/2 betterave 40g
- Banane – 1 moyenne 150g
- Carottes - 3 grandes 206g
- Poivron (rouge doux) - 1/2 moyen 54g

Préparation:

- Laver tous les ingrédients. Eplucher si nécessaire.
- Les mettre tous ensemble dans la centrifugeuse pour en faire un jus.

Nombre de calories: 85

Vitamines: Vitamine A 1128µg, Vitamine C 59.5mg, Calcium 51mg, Choline 13.4mg, Acide folique 61µg, Vitamine B-6 0.319mg, Vitamine E 1.27mg

Minéraux: Cuivre 0.047mg, Magnésium 25mg, Phosphore 65mg, Sélénium 0.3µg, Zinc 0.46mg

7. Fontaine de vie

Voici une recette de jus saine et appétissante qui vous aidera à perdre du poids. Les betteraves sont très utiles pour aider au nettoyage du foie, ce qui signifie que le foie aidera à transformer la graisse par métabolisme plus efficacement. Le foie recevra une stimulation supplémentaire grâce aux carottes, puisqu'elles ont des propriétés puissantes qui le désintoxiqueront. Elles éliminent aussi les excès de liquides qui se trouvent dans le corps. Les oranges ont environ 59 calories par fruit ; elles sont sans matières grasses et riches en fibres. Elles aident vraiment à éliminer ces kilos supplémentaires. Ce jus ne peut qu'apporter de bons résultats.

- Pomme: Puissant antioxydant naturel
- Betterave: Combats les inflammations
- Carottes : Réduisent les risques de cancer du poumon
- Persil: Excellent purifiant du sang
- Orange : Fournit des glucides judicieux

Ingrédients:

- Pomme – 1 moyenne 180g
- Betterave - 1/2 40g
- Carottes - 3 moyennes 170g
- Persil - 1 poignée 40g
- Orange (épluchée) - 1 moyenne 140 g

Préparation:

- Laver tous les ingrédients. Eplucher si nécessaire.
- Les mettre tous ensemble dans la centrifugeuse pour en faire un jus.

Nombre de calories: 110

Vitamines: Vitamine A 1012µg, Vitamine C 34.8mg, Calcium 109mg, Fer 2.38mg, Vitamine B-6 0.14mg, Vitamine E 1.24mg, Vitamine K 305.2µg

Minéraux: Cuivre 0.127mg, Magnésium 32mg, Phosphore 88mg, Sélénium 0.4µg, Zinc 0.67m

8. Maxi Jus de Banane

Voyons si ce jus délicieux correspond à vos besoins. La grande utilité des jus est qu'ils vous donnent tous les éléments nutritifs dont vous avez besoin. L'idée est de manger moins et d'avoir moins de désir ardent de nourriture industrielle. Le céleri est riche en calcium et aide à contrôler l'hypertension. N'oublions pas que le gingembre aide à digérer les aliments gras, et l'ajout de jus de citron à toute boisson aidera à accélérer la perte de poids. Appréciez ce jus chaque fois que vous voulez. Il peut facilement remplacer tout casse-croûte.

- Banane: Supporte la santé du cœur
- Chou: Riche en soufre, le minéral embellissant
- Céleri: Contient de bons sels
- Vinaigre de Cidre : Supprime les agents pathogènes, y compris les bactéries
- Racine de Gingembre : Contrôle la pression du sang
- Raisins : Réduit les risques de cancer

Ingrédients:

- Banane (épluchée) – 1 moyenne 150g
- Chou (rouge) – ¼ de tête, moyenne 201 g
- Céleri – 2 tiges, 142g
- Vinaigre de Cidre (pomme) – 1 cuillère à soupe 14.9g
- Racine de Gingembre – 1 pouce 24g
- Raisins – 14 raisins 80g

Préparation :

- Laver tous les ingrédients. Eplucher si nécessaire.
- Les mettre tous ensemble dans la centrifugeuse pour en faire un jus.

Nombre de calories: 130

Vitamines: Vitamine A 108µg, Vitamine C 98mg, Vitamine B-6 0.429mg, Vitamine E 0.64mg, Vitamine K 74.3µg, Niacine 1.202mg, Calcium 142mg

Minéraux: Cuivre 0.211mg, Magnésium 54mg, Phosphore 107mg, Sélénium 1.2µg, Zinc 0.4mg

9. Un Jus Plus Frais

Notre style de vie moderne nous fait souvent prendre de mauvaises décisions quand il s'agit de faire un régime. Voici une recette de jus qui prend juste quelques minutes à préparer et elle vous donnera un début de journée sain pour une bonne santé. Les pêches sont pauvres en calories, donc elles peuvent vous aider à respecter les règles d'un régime de basses calories. Les graines de basilic sont une grande source de fibre et elles ont la réputation d'être bénéfiques pour la perte de poids.

- Le basilic : Réduit les inflammations et les enflures.
- Carottes: Sont un puissant antiseptique
- Pêches : Diminue les risques de cancer
- Pommes : Protège les cellules des neurones contre le stress oxydatif

Ingrédients:

- Basilic (frais) - 3 feuilles 1.5g

- Carottes - 14 moyennes 854g
- Pêches - 5 moyennes 750g
- Pomme -1 moyenne 180 g

Préparation:
- Laver tous les ingrédients. Eplucher si nécessaire.
- Les mettre tous ensemble dans la centrifugeuse pour en faire un jus.

Nombre de calories: 352

Vitamines: Vitamine A 4079µg, Vitamine C 75mg, Calcium 208mg, Vitamine B-6 0.911mg, Vitamine E 5.83mg, Vitamine K 76.9µg, Choline 56.2mg

Minéraux: Cuivre 0.621mg, Magnésium 102mg, Phosphore 290mg, Sélénium 1.1µg, Zinc 2.25mg

10. Jus de Fruit Express

C'est un excellent jus qui vous aidera à perdre des livres ou des kilos et augmentera votre énergie. Les ingrédients utilisés dans cette recette vous aideront à mieux digérer, en stimulant les sucs digestifs et abaisseront votre taux de mauvais cholestérol. Si vous consommez deux pommes par jour, cela abaissera votre taux de mauvais cholestérol pour autant que 17 pour cent, de beaucoup, pour ainsi dire. N'oublions pas de dire en passant qu'elles sont pleines d'éléments nutritifs et que les calories consommées sont très basses. Donc vous obtenez le même résultat qu'un repas, mais en fait vous consommez moins de calories. C'est sans aucun doute idéal pour la perte de poids.

- Pommes : Réduisent le risque d'incidents thrombotiques
- Carottes : Nettoient le corps
- Citron : Renforce le foie

- Pêches : Améliorent la santé du cœur
- Banane: Diminue la pression du sang

Ingrédients:

- Pommes - 1 grande 200g
- Carottes – 8 moyennes 500g
- Citron (sans la pelure) - 1/2 fruit 40g
- Pêches - 2 grandes 300g
- Banane (épluchée) - 1 medium 150g

Préparation:

- Laver tous les ingrédients. Eplucher si nécessaire.
- Les mettre tous ensemble dans la centrifugeuse pour en faire un jus.

Nombre de calories: 410

Vitamines: Vitamine A 3128µg, Vitamine C 109.8mg, Calcium 194mg, Vitamine B-6 0.819mg, Vitamine E 4.44mg, Vitamine K 54.3µg, Choline 55.7mg

Minéraux: Cuivre 0.412mg, Magnésium 94mg, Phosphore 206mg, Sélénium 1.2µg, Zinc 1.37mg

11. Un jus en Or

C'est un jus parfait si vous voulez avoir une taille plus mince. Un des avantages d'utiliser le chou frisé est qu'il fournit de la puissance nutritionnelle avec moins de calories par tasse. Le céleri aide à calmer la nervosité parce qu'il contient du calcium et vous aidera à contrôler votre tension. Il abaisse aussi le niveau de mauvais cholestérol grâce à la pectine contenue dans les pommes, donc ce jus peut se transformer en véritable allié pour maigrir.

- Pomme : Réduit le risque de développer le cancer, le diabète et les maladies cardiaques
- Céleri : Procure jusqu'à 10 pour cent de votre besoin quotidien de Vitamine A
- Concombre : Aide à prévenir le diabète, réduit le mauvais cholestérol et contrôle la pression sanguine

- Racine de gingembre : Très efficace pour diminuer les symptômes de troubles gastro-intestinaux
- Chou frisé : C'est un excellent aliment anti-inflammatoire
- Citron : Aide à maintenir votre système immunitaire

Ingrédients:

- Pommes - 2 moyennes   364g
- Céleri - 2 tiges, 128g
- Concombre - 1 concombre 290g
- Racine de Gingembre - 1 pouce 20g
- Chou Frisé - 4 feuilles (8-12") 120g
- Citron - 1/2 fruit 40g

Préparation:

- Laver tous les ingrédients. Eplucher si nécessaire.
- Les mettre tous ensemble dans la centrifugeuse pour en faire un jus.

Nombre de calories: 215

Vitamines: Vitamine B-6 0.77mg, Vitamine E 1.09mg, Niacine 2.637mg, Thiamine 0.315mg, Vitamine K 1128.7µg

Minéraux: Cuivre 2.47mg, Magnésium 119mg, Phosphore 207mg, Zinc 1.65mg

12. Jus Energisant

Si vous cherchiez un jus qui vous aidera avec votre régime ou avec votre perte de poids, vous devriez considérer celui-ci. Les betteraves sont une bonne manière de purifier non seulement le sang, mais aussi le foie et c'est une excellente chose parce qu'il aide à transformer la graisse par métabolisme, donc vous vous en débarrassez plus vite. Les carottes vous aident à éliminer les liquides en excès dans corps, donc la rétention d'eau est réduite, surtout pour les femmes. Vous gagnerez plus d'énergie grâce aux fibres qui s'y trouvent et ce sera une façon saine d'alimenter votre corps.

- Betterave : excellente pour stimuler votre endurance
- Chou : Plein de Vitamine K, aide aux fonctions mentales et à la concentration
- Carottes : Préviennent les maladies cardiaques
- Citron : Joue le rôle d'un purifiant sanguin
- Orange: Protège la peau

- Ananas : Prévient l'asthme
- Epinards : Une des meilleures sources de potassium diététique

Ingrédients:

- Betterave - 1 betterave 155g
- Chou (rouge) - 2 feuilles 40g
- Carottes - 2 moyennes 143g
- Citron - 1/2 fruit 40g
- Orange - 1 fruit 121g
- Ananas - 1/3 fruit 206g
- Epinards - 2 poignées 50g

Préparation:

- Laver tous les ingrédients. Eplucher si nécessaire.
- Les mettre tous ensemble dans la centrifugeuse pour en faire un jus.

Nombre de calories: 195

Vitamines: Vitamine B-6 0.60mg, Vitamine E 1.58mg, Vitamine K 149.6µg, Choline 43.8mg, Acide Folique 261µg, Niacine 2.136mg

Minéraux: Cuivre 0.317mg, Magnésium 97mg, Phosphore 131mg, Sélénium 2.1µg, Zinc 1.22mg

13. Jus Rafraîchissant

Les betteraves aident à désintoxiquer le corps, donc ce jus est parfait pour un programme de perte de poids. Boire du jus de citron aide à la détente de l'esprit et du corps en réduisant la tension. Les carottes font un travail impressionnant dans l'augmentation de la production de vos leucocytes et cela vous aide à construire un système immunitaire plus fort, qui mène finalement à avoir un corps plus fort.

- Pommes : Sont extrêmement riches en antioxydants importants
- Betteraves : Ont un effet anticancéreux
- Carottes : Haut niveau de bêta-carotène qui agit comme un antioxydant pour prévenir les lésions cellulaires
- Citron : Aide à la production de sucs digestifs
- Orange: Combat les infections virales

Ingrédients:

- Pomme – 1 moyenne 152g
- Betterave – 1 betterave 165g
- Carottes – 10 moyennes 560g
- Citron – ½ fruit 40g
- Oranges (épluchées) – 2 fruits 242g

Préparation:
- Laver tous les ingrédients. Eplucher si nécessaire.
- Les mettre tous ensemble dans la centrifugeuse pour en faire un jus.

Nombre de calories: 275

Vitamines: Vitamine B-6 0.945mg, Vitamine E 4.01mg, Vitamine K 60.8µg, Choline 71.4mg, Acide Folique 233µg, Niacine 5.101mg

Minéraux: Cuivre 0.40mg, Magnésium 107mg, Phosphore 243mg, Sélénium 2.3µg, Zinc 1.81mg

14. Jus au Goût de Citron

L'adjonction de jus de citron à une boisson aidera à augmenter la perte de poids. Cette recette de jus est excellente pour un régime de perte de poids. Les citrons aident à contrôler l'hypertension et sont aussi une grande source de Vitamine C. Ce jus est meilleur servi après le dîner et adapté à un style de vie actif. Tous ces ingrédients vous aideront à abaisser votre cholestérol et à résoudre tous vos problèmes d'indigestion.

- Myrtille : Neutralise les radicaux libres qui causent les maladies et le vieillissement
- Citron : Aide à équilibrer les niveaux de calcium et d'oxygène dans le foie
- Grenade : Régénère les cellules

Ingrédients:
- Myrtilles - 1 tasse 128g
- Citron - 1/4 fruit 20g
- Grenade - 1 grenade (262g)

Préparation :

- Laver tous les ingrédients.
- La grenade peut être ajoutée avec la membrane, vous gagnez du temps, et le goût restera très bon.
- Les mettre tous ensemble dans la centrifugeuse pour en faire un jus.

Nombre de calories: 168

Vitamines: Vitamine A 3µg, Vitamine C 27mg, Vitamine B-6 0.209mg, Vitamine E 1.6mg, Vitamine K 49.4µg, Choline 21mg, Acide Folique 63µg

Minéraux: Cuivre 0.346mg, Magnésium 28mg, Phosphore 76mg, Sélénium 1.2µg, Zinc 0.57mg

15. Jus de la Joie de Vivre

C'est un jus merveilleux pour ceux d'entre vous qui aiment la menthe. Le gingembre joue un grand rôle dans la baisse du cholestérol LDL, parce que l'épice qui s'y trouve réduit la quantité entière de cholestérol qui est absorbée. Il aide aussi à mieux digérer les aliments gras et les protéines. Les oranges ont un effet alcalin dans le système digestif qui stimule les sucs digestifs, donc vous obtiendrez un métabolisme plus actif. Faites un essai. Il vous aidera à vous débarrasser de ces livres ou kilogrammes récalcitrants.

- Bulbe de Fenouil : Apporte les bons niveaux d'hydroxyde de potassium bons pour le cœur
- Racine de Gingembre : Contient des huiles essentielles bénéfiques pour la santé
- Citron : Equilibre et maintient le niveau de pH dans le corps
- Orange: Réduit le risque de cancer du foie
- Menthe : Inhibe la croissance du cancer de la prostate

Ingrédients:

- Bulbe de Fenouil (entier avec les frondes) - 1 bulbe 200g
- Racine de Gingembre - 1/2 pouce 14g
- Citron - 1/2 fruit 25g
- Orange (épluchée) - 1 large 160g
- Menthe - 5 feuilles 0.25g

Préparation:

- Laver tous les ingrédients.
- Les mettre tous ensemble dans la centrifugeuse pour en faire un jus.

Nombre de calories: 84

Vitamines: Vitamine A 14µg, Vitamine C 79.4mg, Vitamine B-6 0.144mg, Acide Folique 66µg, Niacine 1.358mg, Riboflavine 0.101mg

Minéraux: Cuivre 0.173mg, Magnésium 36mg, Phosphore 96mg, Sélénium 2mg, Zinc 0.41mg

16. Jus au Cœur de Pomme

Ce jus vous aidera à améliorer votre santé et à maigrir en même temps. Les éléments nutritifs des jus sont facilement absorbés par votre corps et sont assimilés plus rapidement par votre métabolisme. Les pommes vous aident à abaisser votre mauvais cholestérol grâce à la pectine qu'elles contiennent. Les citrons sont toujours excellents pour réduire la graisse de votre corps. Considérez juste ce jus comme un ami qui veut vous aider à perdre du poids.

- Pomme: Prévient le cancer du sein
- Canneberge : Réduit le risque de maladie cardiovasculaire
- Racine de Gingembre : Possède des effets anti-inflammatoires
- Citron : Evite la formation des rides et de l'acné

Ingrédients:

- Pommes - 3 moyennes 500g

- Canneberges - 1/2 tasse 50g
- Racine de Gingembre - 1/4 pouce 6g
- Citron - 1/2 fruit 42g

Préparation:
- Laver tous les ingrédients.
- Les mettre tous ensemble dans la centrifugeuse pour en faire un jus.

Nombre de calories: 204

Vitamines: Vitamine A 23µg, Vitamine C 101.5mg, Fer 0.68mg, Vitamine B-6 0.214mg, Vitamine E 1.19mg, Vitamine K 9.2µg, Calcium 76mg

Minéraux: Cuivre 0.193mg, Magnésium 35mg, Phosphore 61mg, Sélénium 0.7µg, Zinc 0.25mg

17. Jus pour Tous les Moments

La perte de graisse se fait grâce à la consommation de jus naturels et voici une recette que vous aimerez vraiment. Le plus grand avantage du gingembre est qu'il vous aidera à digérer les aliments gras et décomposera les protéines. Les épinards sont riches en fibres, pour vous aider à gagner plus d'énergie avec moins de calories. Le céleri est considéré comme calories-négatif (tueur-de-calories) et en ajoutant le céleri à votre régime, vous augmenterez vos résultats de perte de poids sans beaucoup d'efforts. Sentez-le, goûtez-le et permettez-lui de vous aider dans votre routine de perte de poids quotidienne.

- Pommes : Réduit les risques d'AVC (Accident Vasculaire Cérébral)
- Céleri: Aide à mieux digérer
- Concombre : Soulage l'essoufflement
- Racine de Gingembre : Possède des effets antimicrobiens
- Citron : Maintient la santé des yeux

- Lime: Excellent réducteur de poids
- Epinards : Prévention du cancer

Ingrédients:

- Pommes - 2 moyennes 350g
- Céleri - 3 branches, grandes 182g
- Concombre - 1 concombre 300g
- Racine de Gingembre - 1/2 pouce 10g
- Citron (avec le zeste) - 1/2 fruit 41g
- Lime (avec le zeste) - 1 fruit 65g
- Epinards - 2 tasses 50g

Préparation:

- Laver tous les ingrédients.
- Les mettre tous ensemble dans la centrifugeuse pour en faire un jus.

    Nombre de calories: 185

Vitamines: Vitamine A 648µg, Vitamine C 198.9mg, Calcium 304mg, Vitamine B-6 0.422mg, Vitamine E 2.39mg, Vitamine K 1904.6µg, Niacin 2.607mg

Minéraux: Cuivre 0.395mg, Magnésium 129mg, Phosphore 201mg, Sélénium 1.9µg, Zinc 2.04mg

18. Jus de Pommes Acidulé

Boire du jus est une excellente façon de recevoir des aliments concentrés dans notre corps. La recette suivante est excellente, elle aide notre système digestif à mieux fonctionner en nettoyant l'estomac et les reins et cela mène finalement à un corps plus fort. Ce jus abaissera votre taux de mauvais cholestérol grâce aux d'Ingrédients particuliers qu'il contient. Le jus de pastèque prévient l'obstruction des artères et augmente en même temps le HDL, qui est du bon cholestérol. C'est un jus idéal à déguster avant toute routine d'exercice, c'est une source excellente d'énergie.

- Citron : Aide à la production des sucs digestifs
- Tomate: Maintient la pression du sang
- Pastèque : Prévient l'asthme
- Pomme : Améliore la santé neurologique

Ingrédients:

- Citron - 1/2 fruit 40g

- Tomate - 1 grande entière 171g
- Pastèque - 1 grande tranche 560g
- Pomme – 1 moyenne 175g

Préparation:
- Laver tous les ingrédients.
- Les mettre tous ensemble dans la centrifugeuse pour en faire un jus.

Nombre de calories: 135

Vitamines: Vitamine A 176µg, Vitamine C 68.5mg, Vitamine B-6 0.326mg, Vitamine E 0.98mg, Vitamine K 11.5µg, Calcium 58mg, Fer 1.70mg

Minéraux: Cuivre 0.264mg, Magnésium 57mg, Phosphore 69mg, Sélénium 1.6µg, Zinc 0.61mg

19. Jus de la Puissance Verte

Les jus sont une très bonne façon de garder notre corps en bonne santé et nous aident à rester en forme. A chaque fois que vous écrasez des aliments comme les légumes ou les fruits, ils deviennent incroyablement plus faciles à absorber. Cela signifie que tous les aliments essentiels seront assimilés par votre corps plus rapidement que les Vitamines ou d'autres compléments alimentaires. Les carottes éliminent les liquides en excès de votre corps et grâce à la Vitamine A et la Beta Carotène, les carottes peuvent réduire les risques de plusieurs cancers. C'est une excellente façon de protéger votre corps et de le nourrir avec seulement une bonne boisson.

- Pomme : Diminue les niveaux de mauvais cholestérol
- Chou: Aide à désintoxiquer le corps
- Carotte: Prévient les maladies cardiaques
- Racine de Gingembre : Contient des huiles essentielles bénéfiques pour la santé

- Epinards: Contribuent à la bonne santé des os

Ingrédients:

- Pommes - 2 moyennes 364g
- Chou (rouge) - 1/4 de tête 140g
- Carottes - 4 moyennes 244g
- Racine de Gingembre - 1/2 10g
- Epinards - 4 poignées 100g

Préparation:

- Laver tous les ingrédients.
- Les mettre tous ensemble dans la centrifugeuse pour en faire un jus.

  Nombre de calories: 200

Vitamines: Vitamine A 1818µg, Vitamine C 120mg, Vitamine B-6 0.73mg, Vitamine E 3.2mg, Vitamine K 404.1µg, Calcium 198mg, Niacine 2.936mg

Minéraux: Cuivre 0.288mg, Magnésium 111mg, Phosphore 161mg, Sélénium 1.7µg, Zinc 1.15mg

20. Début de Journée

Les gens ont sérieusement besoin d'une alternative saine au lieu des aliments artificiels et traités. Trop de gens prennent du poids parce qu'ils ne peuvent pas contrôler combien ils mangent. Certains composés protéinés dans les épinards sont favorables à la baisse de l'hypertension. La pectine dans les pommes, les poires et les carottes abaisse les niveaux de cholestérol. Le gingembre augmente la circulation sanguine et grâce à cet excellent mélange, vous obtenez une bonne quantité de fructose et de glucose, en vous assurant toute l'énergie nécessaire pour une journée active. On peut apprécier ce jus le matin ou après le dîner; c'est une boisson formidable quand on essaie de manger de la nourriture de qualité supérieure.

- Pomme: Réduit les risques de diabète
- Carottes: Maintiennent une peau éclatante de santé
- Concombre : Réduit le cholestérol et contrôle la pression sanguine

- Racine de Gingembre : Aide à améliorer la motilité intestinale
- Poire: Bénéfique pour la santé du côlon
- Epinards: Préviennent la constipation et assurent une bonne digestion saine

Ingrédients:

- Pomme - 1 moyenne 180g
- Carottes - 5 moyennes 300g
- Concombre - 1 concombre 300g
- Racine de Gingembre - 1 pouce 24g
- Poire - 1 moyenne 165g
- Epinards - 2 poignées 50g

Préparation:

- Laver tous les ingrédients.
- Les mettre tous ensemble dans la centrifugeuse pour en faire un jus.

Nombre de calories: 211

Vitamines: Vitamine A 1863µg, Vitamine C 60.9mg, Vitamine B-6 0.545mg, Vitamine E 2.37mg, Vitamine K 220.1µg, Calcium 151mg, Fer 2.8mg

Minéraux: Cuivre 0.408mg, Magnésium 104mg, Phosphore 164mg, Sélénium 1.2µg, Zinc 1.28mg

21. Simplement Céleri

Le fait de presser est vraiment l'art d'extraire le liquide et les éléments nutritifs de tout fruit ou légume. Il aide à créer l'énergie et la vitalité comme aucune pilule ne peut le faire. Cette recette améliorera le taux auquel vous maigrissez et vous donnera en même temps toutes les vitamines et minéraux quotidiens dont votre corps a besoin. Le corps humain est composé d'environ 75 % d'eau, donc pour une fonction physique convenable, la digestion et la désintoxication, la consommation quotidienne recommandée est d'environ 2.5 litres. L'eau est un excellent élément pour perdre du poids, donc il vous est nécessaire d'en boire beaucoup. Avec ce jus, vous recevez une portion concentrée des exigences liquides quotidiennes dont votre corps a besoin, avec les aliments et les fibres qui vous fourniront une forte augmentation d'énergie tout au long de la journée.

- Pommes: Réduisent le risque de diabète
- Céleri: Réduit l'inflammation

- Mandarine: Soigne les blessures et les coups

Ingrédients:

- Pommes - 2 grandes 440g
- Céleri - 8 tiges, grandes 510g
- Mandarine (épluchée) - 1 petite 76g

Préparation:

- Laver tous les ingrédients.
- Les mettre tous ensemble dans la centrifugeuse pour en faire un jus.

Nombre de calories: 180

Vitamines: Vitamine A 101µg, Vitamine C 57.2mg, Calcium 162mg, Vitamine B-6 0.427mg, Vitamine E 1.5mg, Vitamine K 101.7µg, Choline 30mg

Minéraux: Cuivre 0.217mg, Magnésium 61mg, Phosphore 127mg, Sélénium 1.3µg, Zinc 0.45mg

22. Le Plein d'Energie

Ce jus a une haute concentration de potassium et de phosphore, nécessaires pour la fonction normale du corps. Le jus de tomate est un excellent antioxydant et améliorera aussi la fonction digestive. La forte contenance de Vitamine C dans ce jus aidera au maintien de l'intégrité structurelle des os. L'oignon est excellent à utiliser dans toute recette, parce qu'il a un rapport de basse-calorie/richesse-en-fibres qui est exactement ce dont vous avez besoin pour réduire la graisse de votre corps.

- Concombre : Combat les cancers
- Oignon : Combat les radicaux libres
- Persil : Grand stimulateur d'immunité
- Poivron : Aide à soulager les allergies
- Tomates: Réduisent les risques de cancer de la prostate

Ingrédients:
- Concombre - 1 concombre 300g

- Oignon (printanier/échalote) - 1 moyen 15g
- Persil - 1 poignée 40g
- Poivron (doux rouge) - 1/2 medium 55g
- Tomates - 2 petites entières 180g

Préparation:

- Laver tous les ingrédients.
- Les mettre tous ensemble dans la centrifugeuse pour en faire un jus.

Nombre de calories: 68

Vitamines: Vitamine A 260µg, Vitamine C 126mg, Calcium 102mg, Vitamine B-6 0.412mg, Vitamine E 2.06mg, Vitamine K 522.6µg, Calcium 90mg

Minéraux: Cuivre 0.252mg, Magnésium 71mg, Phosphore 114mg, Sélénium 0.7µg, Zinc 1.12mg

23. Douces Carottes

"Les Douces Carottes" vous aideront à garder votre corps en bonne santé et à maigrir en même temps. Le jus de poivron vous aidera de façon significative en réduisant le cholestérol. Les carottes contiennent du béta carotène qui aide à réduire le risque de cancer. La haute quantité de vitamines et de minéraux qui se trouvent dans ce jus accélérera sans aucun doute la cadence à laquelle vous vous débarrasserez de la graisse et commencerez à sembler plus mince.

- Carottes: Reconstituent vos vitamines quotidiennes
- Céleri: Aide à mieux digérer
- Concombre : Grande source de vitamine B
- Persil : Grand reconstituant sanguin
- Poivron: Aide à produire de la salive grâce à son goût de Cayenne
- Tomates: L'acide folique dans les tomates peut combattre la dépression

Ingrédients:

- Carottes - 2 grandes 144g
- Céleri - 3 tiges, grandes 192g
- Concombre - 1/2 concombre 150.5g
- Persil - 2 poignées 80g
- Poivron (doux vert) - 1/2 moyen 58g
- Tomates - 3 moyennes entières 360g

Préparation:

- Laver tous les ingrédients.
- Les mettre tous ensemble dans la centrifugeuse pour en faire un jus.

Nombre de calories: 107

Vitamines: Vitamine A 1227µg, Vitamine C 142.3mg, Vitamine B-6 0.642mg, Vitamine E 3.15mg, Vitamine K 1013.3µg, Calcium 212mg, Fer 5.55mg

Minéraux: Cuivre 0.416mg, Magnésium 105mg, Phosphore 200mg, Sélénium 1.1µg, Zinc 1.80mg

24. Lime Delight – Merveille au Citron Vert

"Lime Delight" combine les fruits sains et naturels et les légumes dans une seule boisson qui vous donnera plein d'énergie, et vous serez prêt pour une nouvelle journée. La pectine dans les pommes peut abaisser votre taux de cholestérol par autant que 15 pour cent. Le poivron aide votre corps à augmenter votre métabolisme en abaissant les triglycérides, ce qui va vraiment faire une différence lors de la perte de poids. Vous devriez consommer ce jus pour commencer votre journée et sentir la différence au soir.

- Pomme: Aide à perdre du poids
- Coriandre: Très riche en de nombreux antioxydants
- Concombre: vous soulage de la mauvaise haleine
- Citron vert: aide à éliminer les toxines
- Poivre: Remède pour les maux de dents

Ingrédients:
- Pommes - 2 moyennes 360g

- coriandre - 1 bouquet 90g
- Concombres - 2 concombres 600g
- Citron vert (avec couenne) - 1/2 fruit 30g
- Poivron (vert sucré) (épépiné) - 1/2 56g moyen

Préparation :

- Laver tous les ingrédients. Eplucher si nécessaire.
- Les mettre tous ensemble dans la centrifugeuse pour en faire un jus.

Nombre de calories: 179

Vitamines: vitamine A 244µg, vitamine C 79.2mg, vitamine B-6 0.442mg, vitamine E 2,1mg, vitamine K 227.6µg, calcium 128mg, fer 2.68mg

Minéraux: 0.419mg Cuivre, Magnésium 80mg, 153mg de phosphore, sélénium 1.8µg, Zinc 1,25 mg

25. Jus coloré

Je pense que la perte de poids peut être un défi pour tous ceux qui ne peuvent pas contrôler comment et ce qu'ils mangent, mais avec de la persévérance et un esprit sérieux, vous pouvez arriver à tout. "Jus coloré" vous aidera à vous rapprocher de votre objectif. Les asperges contiennent 3 g de fibres qui vont rapidement nettoyer votre système digestif. Quant au céleri, il aide à calmer l'envie de sucreries, et aide à contrôler l'hypertension artérielle. Il contient des pro-biotiques qui stimulent sélectivement la croissance des bonnes bactéries dans l'intestin, ce qui aide la digestion. N'oublions pas de mentionner la grande quantité d'éléments nutritifs qui seront ainsi plus facilement absorbés. C'est un jus essentiel si vous êtes sérieux pour votre remise en forme.

- Asperges: Grande source d'éléments nutritifs
- Carottes: La vitamine A aide le foie à débusquer les toxines du corps

- Céleri: Très faible en calories, excellent choix pour perdre du poids
- Pomme: régule le sucre sanguin

Ingrédients:

- Asperges - 4 lances, 60g moyen
- Carottes - 3 grandes 216g
- céleri - 2 tiges, grande 128g
- Apple - 1 support 180g

Préparation :

- Lavez tous les ingrédients. Eplucher si nécessaire.
- En faire un jus pour une boisson saine.

Nombre de calories: 71

Vitamines: vitamine A 1259µg, vitamine C 14.1mg, 87 mg de calcium, fer 1.40mg, vitamine B-6 0.302mg, vitamine E 1.55mg, vitamine K 61.5µg

Minéraux: 0.173mg de cuivre, magnésium 31 mg, 81 mg de phosphore, sélénium 1.3µg, Zinc 0.61mg

26. Le Jus des Vacances

Le Jus est une façon amusante et facile pour incorporer des fruits et légumes dans votre alimentation. Cette recette est à la fois saine et délicieuse. Un grand avantage de l'ajout de chou dans votre jus est qu'il fournit un grand boost nutritionnel avec l'un des plus petit nombre de calories par tasse de tous les légumes, et il va vous aider à paraître plus mince plus rapidement. Le jus de citron aide à réduire le cholestérol et à se débarrasser de la graisse. Servir ce jus 30 minutes avant un repas pour en obtenir le meilleur rendement.

- Pommes: contiennent de la pectine et abaissent le LDL (mauvais cholestérol)
- Céleri: aide à contrôler l'hypertension artérielle
- Concombre: Contient de la silice, élément essentiel du tissu conjonctif sain
- La racine de gingembre: améliore effets de la digestion
- Chou frisé: Aide à maintenir un système immunitaire sain

- Citron: Aide à guérir les problèmes respiratoires
- Orange: Aide à stimuler les globules blancs pour combattre l'infection

Ingrédients:

- Pommes - 3 moyennes 540g
- céleri - 3 branches, grandes, 190g
- Concombre – ½ concombre 150.5g
- racine de gingembre - 1/2 pouce 10g
- Chou frisé - 4 feuilles de 140g
- citron - 1 fruit 50g
- Orange (pelé, épépiné) - 1 grande 180g

Préparation :

- Lavez tous les ingrédients. Eplucher si nécessaire.
- Les mettre tous ensemble dans la centrifugeuse pour en faire un jus.

Nombre de calories: 295

Vitamines: vitamine A 531µg, vitamine C 212.8mg, calcium 294mg, 2.69mg de fer, vitamine B-6 0.627mg, vitamine E 1,3 mg, vitamine K 735.8µg

Minéraux: 1.664mg Cuivre, Magnésium 103mg, 211mg de phosphore, sélénium 2.4µg, Zinc 1.19mg

27. Puissance Épinards

" Puissance Épinards " peut remplacer une collation ou même une partie de votre petit-déjeuner, le matin, si vous avez vraiment faim. C'est une excellente source d'énergie et de nutrition. Pour avoir un corps plus fort, vous avez besoin que toutes les fonctions du corps travaillent efficacement. Les betteraves aident à nettoyer le sang et à métaboliser les graisses. N'oublions pas qu'ils sont riches en hydrates de carbone de sorte qu'ils sont une grande source d'énergie. Le céleri est une excellente source de vitamine C et est riche en fibres, ce qui est important pour le corps.

- Pommes: Elles réduisent le risque de développer un cancer du poumon
- Betterave: Est un traitement utilisé contre la leucémie
- Carottes: la consommation de bêta-carotène réduit le risque de plusieurs cancers
- Epinard: Ralentit la division des cellules cancéreuses, le cancer du sein

Ingrédients:

- Apple - 1 support 180g
- Betterave - 175g 1 de betterave
- Carottes - 8 moyennes 480g
- épinards - 3 tasses 90g

Préparation:

- Lavez tous les ingrédients. Epluchez si nécessaire.
- Les mettre tous ensemble dans la centrifugeuse pour en faire un jus. Nombre de calories: 190

Vitamines: vitamine A 3074µg, vitamine C 50.5mg, calcium 218mg, vitamine B-6 0.765mg, vitamine E 3.05mg, vitamine K 368.6µg, 4.01mg de fer

Minéraux: 0.373mg Cuivre, Magnésium 125mg, 215mg de phosphore, sélénium 2.1µg, Zinc 1.35mg

28. Fournisseur de Santé

Pour vivre mieux et vous sentir bien, vous avez besoin de rester loin de la malbouffe. Ce jus fournira le corps avec beaucoup de la nutrition dont il a besoin. Faire ce jus le matin pour une grande source d'énergie, et il vous aidera à maintenir votre métabolisme actif pendant toute la journée. La choline contenue dans le jus de betterave est un excellent moyen pour détoxifier l'ensemble du système digestif. Une carotte par jour réduit le risque d'AVC de 68 pour cent de sorte que vous pouvez penser à deux fois avant de sauter vos légumes. Des quantités élevées d'éléments nutritifs font de ce jus un excellent moyen pour alimenter votre corps pour toute la journée, accompagné d'une alimentation saine.

• Pommes: Peuvent protéger les cellules du cerveau contre les dommages des radicaux libres qui mènent à la maladie d'Alzheimer.

• Betterave: la source unique de la bétaïne, un nutriment qui aide les cellules de protection

- Carottes: Le niveau élevé de bêta-carotène agit comme un antioxydant pour réparer les dommages des cellules
- Céleri: Il règle l'équilibre alcalin du corps
- racine de gingembre: Aide aux problèmes liés à l'arthrite
- Concombre: Réhydrate le corps et régénère les vitamines

Ingrédients:

- Pommes - 2 moyennes 360g
- Betterave – 1 betterave de 175g
- Carottes - 4 moyennes 240g
- céleri - 3 branches, 192g
- racine de gingembre - 1/2 pouce 10g
- concombre - 150g, moitié d'un concombre

Préparation:

- Lavez tous les ingrédients. Eplucher si nécessaire.
- Les mettre tous ensemble dans la centrifugeuse pour en faire un jus.

Nombre de calories: 215

Vitamines: vitamine A 1370µg, vitamine C 34.2mg, vitamine B-6 0.557mg, vitamine E 2.04mg, la vitamine K 83.1µg, calcium 160mg, 2.40mg de fer

Minéraux: 0.327mg de cuivre, de magnésium 84 mg, 167mg de phosphore, sélénium 1.6µg, Zinc 1,25 mg

29. La vie saine

Le cocktail "Vie Saine" est essentiel pour maintenir une bonne santé et peut améliorer votre perte de poids. Il est facile à préparer et vous obtenez le maximum d'avantages lorsque tous les ingrédients sont frais. Les betteraves sont pleines de bon carburant pour notre corps, contenant des quantités élevées de fibres essentielles à l'organisme. La spiruline contient tous les acides aminés essentiels dont le corps a besoin, et qui va certainement être très importante lorsque vous essayez de mincir.

- Betterave: Utile pour aider à nettoyer le foie
- Céleri: Protège les yeux et empêche la dégénérescence de la vision liée à l'âge
- Epinards: Haut niveau de fer, il est un grand bâtisseur de sang
- Spiruline: Augmente l'endurance et de l'immunité

Ingrédients:

- Betterave – 1 betterave de 175g
- céleri - 2 tiges, grande 128g
- épinards - 3 tasses 90g
- Spiruline (séchée) - 1 cuillère à café de 2.31g

Préparation :

- Lavez tous les ingrédients. Eplucher si nécessaire.
- Les mettre tous ensemble dans la centrifugeuse pour en faire un jus.

Nombre de calories: 52

Vitamines: vitamine A 308µg, vitamine C 23.7mg, vitamine B-6 0.257mg, vitamine E 1.45mg, vitamine K 311.1µg, calcium 110 mg, 3.12mg de fer

Minéraux: 0.291mg de cuivre, de magnésium 90 mg, 100 mg de phosphore, sélénium 2 pg, Zinc 0.78m

30. Roule la betterave

Les Jus ont été depuis longtemps et sont toujours l'un des meilleurs moyens pour absorber tous les éléments nutritifs que les fruits et légumes ont à offrir. "Roule la betterave" est simple à préparer et en raison de l'apport calorique faible, vous verrez de grands résultats peu de temps après l'avoir bu. Le meilleur moment de la journée c'est le matin et vous pourrez commencer la journée avec un grand regain d'énergie pour rester actif.

• Betterave: Diminue la pression artérielle dans un court laps de temps
• Carottes: Grande source de bêta-carotène
• Oranges: Luttent contre les infections virales

Ingrédients:

• Betterave – 1 betterave de 170g
• Carottes - 2 moyennes 120g
• Oranges - 2 fruits 262g

Préparation:

• Lavez tous les ingrédients. Eplucher si nécessaire.

• Les mettre tous ensemble dans la centrifugeuse pour en faire un jus.

Nombre de calories: 115

Vitamines: Vitamine A 726µg, vitamine C 104.6mg, vitamine B-6 0.29mg, vitamine E 0.84mg, vitamine K 11.1µg, calcium 111mg, 1.40mg de fer

Minéraux: 0.211mg Cuivre, Magnésium 55mg, 102mg de phosphore, sélénium 1.7µg, Zinc 0.73mg

31. Le Punch de la Vie

Lorsque vous êtes pressé, il est tentant de prendre des aliments en conserve ou transformés qui sont dans le marché tout simplement parce qu'ils sont faciles à faire. Mais le plus facile n'est pas toujours la meilleure façon à long terme. Un moyen facile d'avoir chaque jour une collation saine qui vous fournit toutes les vitamines est le jus, et ce jus est emballé avec des ingrédients essentiels qui permettront de renforcer votre système immunitaire et remplir votre corps avec ce dont il a besoin pour fonctionner correctement et efficacement.

- Betterave: Empêche le cancer
- Carottes: Un excellent moyen de protéger la peau du soleil
- Céleri: Facilite la digestion, augmente la perte de poids
- racine de gingembre: A des effets anti-inflammatoires
- Lime: Il équilibre et maintient le niveau du corps de pH
- Poivre: Prend en charge la perte de poids
- épinards: Maintient la fonction musculaire et nerveuse

Ingrédients:

- Betterave - 170g
- Carottes - 210g
- céleri - 2 tiges, 125g
- racine de gingembre - 1 pouce 20g
- Lime - 30g moitié de fruits
- Poivre (jalapeno) - 1 poivron 10g
- épinards - 2 tasses 60g

Préparation:

- Lavez tous les ingrédients. Eplucher si nécessaire.
- Les mettre tous ensemble dans la centrifugeuse pour en faire un jus.

Nombre de calories: 107

Vitamines: vitamine A 1457µg, vitamine C 48.4mg, vitamine B-6 0.507mg, vitamine E 2.49mg, la vitamine K 241.1µg, calcium 155mg, 3.01mg de fer

Minéraux: 0.301mg Cuivre, Magnésium 96mg, 151mg de phosphore, sélénium 2 pg, Zinc 1.21mg

32. Le batailleur de poids

" Le batailleur de poids " fera une différence pour vous dans votre lutte pour vous débarrasser de la graisse, même s'il n'est consommé que quelques fois par semaine. Ces fruits et légumes ont beaucoup à offrir en raison des verts et des racines dont ils disposent. Les feuilles de betteraves sont les feuilles qui viennent avec la betterave, elles ont une forte concentration de vitamines lorsque lavées et mélangées dans votre jus.

• Pomme: En raison de la pectine, permet de perdre du poids
• Verts de betterave: Ils augmentent votre endurance et luttent contre l'inflammation
• Betterave: A des effets anti-cancer
• Carottes: Améliorent la vision et ont un effet antivieillissement
• Céleri: facilite la digestion et lutte contre sida en raison de sa teneur en eau élevée combinée à des fibres insolubles

- racine de gingembre: A un effet antidouleur

Ingrédients:

- Pomme - 1 grande 220g
- Feuilles de betterave (facultatif) - 3 feuilles de 95g
- Betterave – 1 betterave de 175g
- Carottes - 4 moyennes 240g
- céleri - 1 branche, grand 60g
- Racine de gingembre - 1/2 pouce 10g

Préparation:

- Lavez tous les ingrédients. Eplucher si nécessaire.
- Les mettre tous ensemble dans la centrifugeuse pour en faire un jus.

Nombre de calories: 157

Vitamines: vitamine A 1645µg, vitamine C 45.1mg, vitamine B-6 0,4 mg, vitamine E 2.59mg, vitamine K 307.1µg, calcium 181mg, 3.51mg de fer

Minéraux: 0.371mg Cuivre, Magnésium 109mg, 162mg de phosphore, sélénium 1.8µg, Zinc 1.21mg

33. Petit-déjeuner Matinal

Il n'y a rien de plus rafraîchissant qu'une boisson énergétique dans la matinée. En l'essayant sur une base quotidienne, vous augmentez votre endurance et perdez du poids beaucoup plus vite que si vous n'en prenez qu'une une fois par mois. C'est à cause de la teneur élevée en fibres et en éléments nutritifs. "Petit-déjeuner Matinal" est également très faible en calories, et contient la racine de curcuma qui est un très bon anti-inflammatoire, et l'un des grands guérisseurs de la nature.

• Pomme: Contient un laxatif naturel
• Carotte: fait des merveilles pour stimuler le système immunitaire
• Céleri: Calme les nerfs à cause du contenu élevé en calcium
• La racine de gingembre: Abaisse le taux de cholestérol LDL
• Citron: Idéal pour les problèmes de santé, car il contient du potassium

- Les poires: ont des effets antioxydants qui aident à prévenir l'hypertension artérielle
- Racine de curcuma: A des effets anti-inflammatoires puissants

Ingrédients:

- Pommes - 2 moyennes 360g
- Carottes - 3 moyennes 180g
- céleri - 3 branches, grandes, 190g
- racine de gingembre - 1 pouce 22g
- Citrons (pelés) - 2 fruits 165g
- Poires - 2 moyen 355g
- Racine de curcuma - 6 pouces 140g

Préparation:

- Lavez tous les ingrédients. Pelez si nécessaire.
- Les mettre tous ensemble dans la centrifugeuse pour en faire un jus.

Nombre de calories: 364

Vitamines: vitamine A 1107µg, vitamine C 283.1mg, vitamine B-6 1.025mg, 2 mg de vitamine E, vitamine K 73.6µg, calcium 191mg, 3.41mg de fer

Minéraux: 0.743mg de cuivre, de magnésium 115 mg, 212mg de phosphore, sélénium 1.5µg, Zinc 1.35mg

34. Démarrez Sainement

Les patates douces sont pleines de potassium et de calcium qui sont importants pour tout le monde, quel que soit votre style de vie. «Démarrez Sainement» est riche en vitamines et minéraux. Essayez cette boisson environ 30-60 minutes avant de manger, pour permettre à votre corps d'absorber tous les éléments nutritifs des fruits et légumes en premier.

- Pommes: Réduisent le risque de cancer
- Betteraves : nettoient le côlon et renforcent le foie
- Carotte: La bêta-carotène diminue le risque de dégénérescence musculaire
- Orange: Stimule les globules blancs pour combattre l'infection
- Poivre: A des effets antioxydants et antibactériens
- Patate douce: aide le système immunitaire à se renforcer

Ingrédients:

- Les pommes (golden) - 2 moyen 360g
- Betteraves - 2 betteraves 160g
- Carotte - 1 grande 70g
- Orange (en option) - 1 fruit 135g
- Poivron (rouge doux) - 1 support 115g
- patate douce - 130g

Préparation:

- Lavez tous les ingrédients. Pelez si nécessaire.
- Les mettre tous ensemble dans la centrifugeuse pour en faire un jus.

Nombre de calories: 250

Vitamines: vitamine A 1211µg, vitamine C 177.5mg, vitamine B-6 0.735mg, vitamine E 2.51mg, vitamine K 18.1µg, calcium 118 mg, 2.31mg de fer

Minéraux: 0,35 mg de cuivre, de magnésium 85MG, phosphore 167mg, sélénium 1.8µg, Zinc 1.15mg

35. Mix Naturel

Les jus ont toujours été une boisson délicieuse, mais ils sont plus que cela, ils sont une source de santé et, s'ils sont faits correctement avec les bons ingrédients, ils peuvent fournir toutes les vitamines dont votre corps a besoin. C'est une excellente recette de jus qui a des effets de perte de poids et aide le système immunitaire à se construire. Vous devez le boire le matin ou le soir après le dîner. Voyons quels sont les effets importants qu'il aura sur votre propre corps.

- Pomme: Contient du bore, pour la force des os
- Céleri: contient des éléments nutritifs qui protègent les yeux et prévient la dégénérescence de la vision liée à l'âge
- Concombre: Grande source de silicium qui améliore la santé de la peau
- Pissenlits Verts: aident à réduire le stress et à réduire le cancer
- Chou frisé: Fournit un grand punch nutritionnel avec peu de nombre de calories

- Citron: Aide à augmenter la perte de poids

Ingrédients:

- Pommes - 2 moyennes 360g
- céleri - 2 tiges, 80g moyen
- concombre - 150g, moitié d'un concombre
- pissenlit - 1 tasse, haché 55g
- Chou frisé - 3 feuilles de 105g
- citron - 1/2 fruit 42g

Préparation:

- Lavez tous les ingrédients. Eplucher si nécessaire.
- Les mettre tous ensemble dans la centrifugeuse pour en faire un jus.

Nombre de calories: 165

Vitamines: vitamine A 581µg, vitamine C 133.2mg, vitamine B-6 0.504mg, 2 mg de vitamine E, vitamine K 854µg, calcium 238mg, 3.13mg de fer

Minéraux: 1.29mg de cuivre, de magnésium 81 mg, 163mg de phosphore, sélénium 1.4µg, Zinc 0.95mg

36. Jus Surprise

La perte de poids a toujours été associée à des recettes de jus, parce qu'ils ont peu de calories et les éléments nutritifs sont absorbés rapidement par l'organisme. Ils doivent être consommés dans les 30-60 minutes avant un repas, et les effets devraient se faire sentir après une semaine ou deux. Voici quelques avantages de ce jus qui vous permettra d'améliorer votre état de santé.

- Pomme: Protège les cellules du cerveau contre les dommages des radicaux libres
- Carotte: La consommation de bêta-carotène a été liée à réduire le risque de plusieurs cancers
- Coriandre: Réduit la quantité de graisses emmagasinées dans les membranes cellulaires
- Collard vert: Riche en source d'éléments nutritifs aux propriétés anticancéreuses
- Chou frise: Contient du Sulforaphane qui aide à soutenir un système immunitaire sain

- Poivre: possède des capacités anti oxydantes de sorte qu'il peut neutraliser les radicaux libres dans le corps

Ingrédients:

- Apple - 1 support 180g
- Carottes - 3 moyennes 180g
- coriandre - 35g 1 poignée
- Collard Greens - 1 tasse, haché 35g
- Chou frisé - 4 feuilles (8-12 ") 140g
- Pepper (rouge doux) - 1 support 115g

Préparation:

- Lavez tous les ingrédients. Eplucher si nécessaire.
- Les mettre tous ensemble dans la centrifugeuse pour en faire un jus.

Nombre de calories: 158

Vitamines: vitamine A 1832µg, vitamine C 252.1mg, vitamine B-6 0.812mg, vitamine E 3.52mg, vitamine K 898.1µg, calcium 275mg, 2.86mg de fer

Minéraux: 1.61mg de cuivre, de magnésium 90mg, 187mg de phosphore, sélénium 1.6µg, Zinc 1.28mg

37. Brocoli Combo

"Brocoli Combo" est simple à préparer, vous devriez le boire le matin pour vous charger de l'énergie pour le reste de la journée. Si vous pouvez en prendre tous les deux jours, il sera encore plus bénéfique. Il a un pourcentage élevé de vitamine C qui rend votre système immunitaire plus fort et vous donne la force de lutter contre des problèmes de santé.

• Brocoli: contient beaucoup de fer, qui est un nutriment important pour assurer des niveaux d'énergie élevés
• Chou: aide à détoxifier le corps et maintient la pression artérielle
• Chou Frisé : Aide au bon fonctionnement de l'insuline et régule le sucre sanguin

Ingrédients:

- brocoli - 150g 1 tige
- Chou - 1/2 tête, 450g moyen

- Chou frisé - 4 feuilles (8-12 ") 140g

Préparation:

- Lavez tous les ingrédients. Eplucher si nécessaire.
- Les mettre tous ensemble dans la centrifugeuse pour en faire un jus.

Nombre de calories: 117

Vitamines: vitamine A 536µg, vitamine C 328.1mg, vitamine B-6 0.841mg, 1 mg de vitamine E, vitamine K 1038.6µg, calcium 321mg, 3.68mg de fer

Minéraux: 1.571mg Cuivre, Magnésium 102mg, 241mg de phosphore, sélénium 4.3µg, Zinc 1.41mg

38. Gingembre Tropical

Si vous prévoyez d'avoir une alimentation saine et perdre du poids, alors cette recette de jus doit être sur votre menu. "Gingembre Tropical" est plein de vitamines et d'éléments nutritifs qui sont non seulement bénéfiques pour votre corps, mais également pour augmenter votre niveau d'énergie tout au long de la journée. Pour cette recette, vous aurez besoin des ingrédients énumérés et vous devriez profiter de ce jus dans la soirée.

- Racine de gingembre: Empêche la croissance de la tumeur cancéreuse, et peut aider à assommer une fièvre
- Choux Frisé: Est une riche source de composés organiques soufrés qui combattent de nombreux cancers
- Mangue: Contient des enzymes qui aident à briser les protéines
- Orange: Contient de l'hespéridine qui abaisse l'hypertension artérielle
- Ananas: diminue le risque de progression de la dégénérescence musculaire liée à l'âge

Ingrédients:

- racine de gingembre - 1/2 pouce 10g
- Chou Frisé - 4 feuilles (8-12 ") 140g
- Mangue - 1 fruit sans graine 335g
- Orange - 1 petite 95g
- ananas - 1 tasse, morceaux, 165g

Préparation:

- Lavez tous les ingrédients. Eplucher si nécessaire.
- Les mettre tous ensemble dans la centrifugeuse pour en faire un jus.

Nombre de calories: 231

Vitamines: vitamine A 625µg, vitamine C 294.2mg, vitamine B-6 0.725mg, vitamine E 2.24mg, vitamine K 701.2µg, calcium 215mg, 2.25mg de fer

Minéraux: 1.904mg Cuivre, Magnésium 93mg, 143mg de phosphore, sélénium 2,5 pg, Zinc 0.95mg

39. Le Roi du Citron

Les recettes de jus sont une façon saine et moderne de rester en forme pour vous assurer que votre corps reçoit tous les éléments nutritifs, minéraux et vitamines dont il a besoin. Il est préférable d'avoir ces jus le matin, ou ils peuvent également remplacer une collation quotidienne. Si vous buvez ce jus sur une base quotidienne, vous en ressentirez les effets dans votre corps et mais aussi dans votre esprit.

• Pomme: Réduit le taux de cholestérol et diminue le risque de diabète
• Céleri: règle l'équilibre alcalin du corps
• Chou frisé: Aide à soutenir un système immunitaire sain et possède des propriétés anti-cancer
• Citron: évite les problèmes liés à la peau
• Epinards: Excellent pour abaisser la tension artérielle, et nettoie le système en supprimant les déchets accumulés

Ingrédients:

- Pommes (Granny Smith) - 4 moyennes 725g
- Céleri - 3 branches, grande 190g
- Chou frisé - 2 feuilles (8-12 ") 70g
- Citron (avec la peau) - 1 fruit 58g
- Epinards - 4 tasses 120g

Préparation:

- Lavez tous les ingrédients. Epluchez si nécessaire.
- Les mettre tous ensemble dans la centrifugeuse pour en faire un jus.

Nombre de calories: 254

Vitamines: vitamine A 679µg, vitamine C 131.4mg, vitamine B-6 0.627mg, vitamine E 3.03mg, vitamine K 801.2µg, calcium 251mg, 4.11mg de fer

Minéraux: 1.041mg Cuivre, Magnésium 131mg, 180mg de phosphore, sélénium 2 pg, Zinc 1.10mg

40. Mix Enorme

Une des meilleures méthodes pour perdre du poids et éliminer les gras est de commencer la journée avec ce jus délicieux. Les poivrons aident à augmenter le métabolisme de notre corps par la baisse des triglycérides qui sont stockés dans notre corps, ce qui aide à brûler des calories plus efficacement. Voici d'autres avantages de ce jus ainsi que la recette:

• Poivre de Cayenne: bloque la transmission de la douleur, il peut aider à soulager la douleur dans une certaine mesure
• Céleri: Réduit l'hypertension artérielle
• Coriandre: Est très faible en calories et ne contient pas de cholestérol
• L'ail: Diminue les triglycérides sanguins et réduit la formation de la plaque artérielle
• Oignon: Pendant des siècles, les oignons ont été utilisés pour réduire l'inflammation et guérir les infections

- Tomate: possède des propriétés anti-oxydantes et améliore la fonction digestive

Ingrédients:

- Poivre de Cayenne (épice) 0,20 g
- Céleri - 1 branche, grande, 63g
- Coriandre - 35g 1 poignée
- Ail - 1 gousse 3g
- Oignon (printemps / échalote) - 1 14g moyen
- Poivre (vert et sucré) - 1 support 115g
- Sel (Himalaya) - 1 pincée de 0,2 g
- Tomate - 1 tasse de tomates cerise 145g

Préparation:

- Lavez tous les ingrédients. Eplucher si nécessaire.
- Les mettre tous ensemble dans la centrifugeuse pour en faire un jus.

Nombre de calories: 35

Vitamines: vitamine A 156µg, vitamine C 91.5mg, vitamine B-6 0.370mg, vitamine E 1.65mg, vitamine K 122.2µg, calcium 63 mg, 1,25 mg de fer

Minéraux: 0.200mg Cuivre, Magnésium 33mg, 70mg de phosphore, sélénium 0.7µg, Zinc 0.52mg

41. Jus de Grand-mère

Si vous êtes un amateur de jus, voici une excellente recette pour vous. Elle contribuera à améliorer le métabolisme de votre corps et augmenter la perte de poids. Ce jus est meilleur pris dans la matinée ou dans les 30 à 60 minutes avant un repas, ou même pour remplacer facilement un repas. Ce jus a une teneur élevée en potassium et en phosphore, ce qui permet de libérer les symptômes de stress. Donc, si vous êtes dans un mauvais jour, vous pouvez toujours vous détendre et profiter de cette boisson, elle vous aidera. Voici quelques autres grands effets de cette recette:

• Pomme: Excellente source de fibres sans trop de calories

• Carotte: Très riche en vitamine A, bonne pour améliorer la vision

• Concombre: Soulage la mauvaise haleine et réhydrate le corps

- Cépage: Réduit la capacité des cellules à stocker la graisse d'environ 130 pour cent, aide de manière significative dans la perte de poids
- Poivre: Stimule les globules blancs pour combattre l'infection, en construisant naturellement un bon système immunitaire
- Epinards: propriétés de haute alcalinité, il est le choix idéal pour les personnes souffrant des maladies inflammatoires, comme l'arthrose
- Tomate: améliore la santé du cœur en aidant à abaisser la pression artérielle

Ingrédients:

- Pommes (vertes) - 2 moyennes 355g
- Carottes - 3 moyennes 180g
- Concombre – 1 concombre de 300g
- Raisins (vert) - 15 raisins, 90g
- Poivre (vert et sucré) - 1 sachet 115g
- Epinards - 2 tasses 60g
- Tomate - 1 moyenne 115g

Préparation:

• Lavez tous les ingrédients. Eplucher si nécessaire.

• Les mettre tous ensemble dans la centrifugeuse pour en faire un jus.

Nombre de calories: 221

Vitamines: vitamine A 1325µg, vitamine C 114.2mg, vitamine B-6 0.701mg, vitamine E 2.79mg, vitamine K 270.1µg, calcium 171mg, 2.9mg de fer

Minéraux: 0.429mg de cuivre, de magnésium 112 mg, 185 mg de phosphore, sélénium 1.1mg, Zinc 1.31mg

42. Fontaine Minérale

Peu importe quel genre de vie vous menez, vous devriez prendre le temps pour un jus sain qui peut être une excellente source de minéraux et de vitamines. Si vous voulez perdre du poids, améliorer votre santé, ou tout simplement vous sentir mieux, un jus naturel peut le faire pour vous. C'est un véritable ami quand il s'agit de l'amélioration de l'apparence de votre corps, comment il travaille et comment il se sent, et le résultat sera certainement positif. Voici les avantages de cette recette de jus.

• Pomme : Une pomme par jour réduit le risque de cancer du sein de 16 pour cent

• Betterave: Très bénéfique a la toxicité hépatique ou biliaires, et des maux tels que l'intoxication alimentaire, l'hépatite

• Racine de gingembre: réduit l'inflammation et inhibe la réplication du virus de l'herpès simplex

- Citron: l'ajout de jus de citron aidera à augmenter la perte de poids
- Ananas: Aide à lutter contre la formation de radicaux libres connus pour causer le cancer

Ingrédients:

- Pomme - 1 moyenne 180g
- Betterave - 1 betterave 80g
- Racine de gingembre - 1 pouce 24g
- Citron - 1/2 fruit 29g
- Ananas - 2 tranches 332g
- Epices de la Tarte à la citrouille (une pincée) - 1/4 cuillère à café de 0,42 g

Préparation:

- Lavez tous les ingrédients. Eplucher si nécessaire.
- Les mettre tous ensemble dans la centrifugeuse pour en faire un jus.

Nombre de calories: 179

Vitamines: vitamine A 11µg, vitamine C 121.4mg, vitamine B-6 0.385mg, 0,35 mg de vitamine E, vitamine K 4.5µg, Calcium 55mg, 1.53mg de fer

Minéraux: 0.36mg de cuivre, de magnésium 56 mg, 64 mg de phosphore, sélénium 0.8µg, Zinc 0.60mg

43. Ami de la Santé

Voici une recette de jus excellente et facile qui vous donnera des résultats incroyables de perte de poids et vous aidera à obtenir tous les éléments nutritifs nécessaires dont votre corps a besoin. C'est un excellent moyen de gagner du temps et optimiser votre journée. Vous pouvez facilement remplacer une collation malsaine avec ce jus. Voici les effets de ce jus:

• Asperge: Contient du potassium qui est connu pour réduire la graisse, et est également faible en sodium naturel et n'a pas de cholestérol, ce qui aide lorsque vous essayez de perdre du poids
• Céleri: A teneur élevée en antioxydants, et a un effet antibactérien contre la Salmonelle
• Coriandre: Est un purificateur d'eau naturel, et un nutriment essentiel qui est nécessaire à la formation et au maintien d'os solides

Ingrédients:

- Asperges - 6 lances, 95g moyen
- Céleri - 3 branches, grande 185g
- Coriandre - 32g, 1 poignée

Préparation:

- Lavez tous les ingrédients. Eplucher si nécessaire.
- Les mettre tous ensemble dans la centrifugeuse pour en faire un jus.

Nombre de calories: 20

Vitamines: vitamine A 131µg, vitamine C 14.2mg, vitamine B-6 0.185mg, vitamine E 1.63mg, vitamine K 139.1µg, calcium 84 mg, 2.09mg de fer

Minéraux: 0.218mg de cuivre, de magnésium 28 mg, 75 mg de phosphore, sélénium 2.1µg, Zinc 0.63mg

44. Jus Sucré

Vous aurez plaisir à faire cette recette de jus, elle est facile à préparer et tous les ingrédients sont délicieux. Donc, nous allons commencer, essayez de prendre ce jus au moins 30 à 60 minutes avant votre prochain repas. Le "Jus sucré" est un excellent moyen d'accélérer la perte de poids et améliorer votre santé en même temps. Si vous êtes prêt, passons en revue quelques-uns des avantages qui découleront de cette recette.

• Betterave: Riche en glucides ce qui signifie qu'elle est une grande source d'énergie instantanée, et utile pour aider à métaboliser les graisses
• Carotte: A une action de nettoyage sur le foie et abaisse les taux de cholestérol
• Patate douce: contient des éléments nutritifs anti-inflammatoires

Ingrédients:
• Betterave – 1 betterave de 80g

- Carottes - 3 moyennes 181g
- Patate douce – une moitié, 63g

Préparation:

- Lavez tous les ingrédients. Eplucher si nécessaire.
- Les mettre tous ensemble dans la centrifugeuse pour en faire un jus.

Nombre de calories: 85

Vitamines: vitamine A 1386µg, vitamine C 11.2mg, vitamine B-6 0,30 mg, vitamine E 0.92mg, vitamine K 17.4µg, calcium 63 mg, 1.10mg de fer

Minéraux: 0.165mg Cuivre, Magnésium 39mg, 87 mg de phosphore, sélénium 0.7µg, Zinc 0.61mg

45. La Vie Pure

Apportez cette recette de jus saine dans votre vie, les effets vont changer vos problèmes de poids d'une manière positive et rendre votre corps plus fort. Vous pouvez en boire à tout moment de la journée; assurez-vous de le faire 30 à 60 minutes avant un repas. Ok, donc nous allons voir maintenant ce que ce jus vous offre.

• Le melon amer: Contient un produit chimique qui agit comme l'insuline pour aider à réduire les niveaux de sucre dans le sang

• Pamplemousse: Fonctionne comme un excellent coupe-faim et également bénéfique dans le traitement de la fatigue

• Citron: Aide à guérir les problèmes respiratoires, et aide à augmenter la perte de poids

Ingrédients:
• Le melon amer - 1 melon amer de 120g

- Pamplemousse – moitié, grande, 165g
- Citron (avec pelure) - 1 fruit 80g

Préparation:

- Lavez tous les ingrédients. Eplucher si nécessaire.
- Les mettre tous ensemble dans la centrifugeuse pour en faire un jus.

Nombre de calories: 45

Vitamines: vitamine A 73µg, Vitamine C 142mg, vitamine B-6 0.131mg, vitamine E 0.23mg, 80µg folate, calcium 45 mg, 0.81mg de fer

Minéraux: 0.102mg Cuivre, Magnésium 27mg, 43 mg de phosphore, sélénium 0.7µg, Zinc 0.80mg

46. Le Temps des Vitamines

Nous voulons tous être en bonne santé, mais la plupart du temps, nous oublions que nous avons à agir de façon responsable pour cela. Les recettes de jus sont une excellente façon de résoudre ce problème. Juste deux minutes par jour et vous obtenez un grand flux de vitamines et de minéraux. «Le Temps des Vitamines" correspond à cette description et nous allons voir ce que ce jus nous offre.

• Pomme: contient de la pectine qui abaisse le cholestérol
• Carotte: Elimine l'excès de fluides du corps et réduit le risque d'AVC
• Racine de gingembre: aide à digérer les aliments gras et décompose les protéines, en aidant à réduire le poids
• Citron: inhibe le développement du cancer, et augmente la perte de poids

Ingrédients:
• Pomme - 1 moyenne 180g

- Carottes - 8 moyennes 485g
- Racine de gingembre - 1 pouce 22g
- Citron - 1 fruit 82g

Préparation:

- Lavez tous les ingrédients. Eplucher si nécessaire.
- Les mettre tous ensemble dans la centrifugeuse pour en faire un jus. Nombre de calories: 165

Vitamines: vitamine A 2851µg, vitamine C 56 mg, vitamine B-6 0.589mg, vitamine E 2.50mg, vitamine K 46.8µg, calcium 132 mg, 1.61mg de fer

Minéraux: 0.242mg de cuivre, de magnésium 58 mg, 145 mg de phosphore, sélénium 0.6µg, Zinc 0.94mg

47. ABC Délicieux

Il est préférable de prendre ce jus le matin parce que c'est un excellent moyen de donner à votre corps un regain d'énergie, et également pour garder votre esprit concentré et actif pour le reste de la journée. Si vous cherchez quelque chose pour vous aider pour tout ce qui est mentionné ci-dessus, ou si vous êtes tout simplement à la recherche d'une recette de jus qui permet de réduire la graisse, vous devriez essayer celle-ci. Voici quelques autres des avantages qu'elle possède :

• Pomme: stimule le système immunitaire et aide à détoxifier votre foie
• Betterave: Diminue la pression artérielle, très riche en fibres, est une grande source de bétaïne, un nutriment qui aide a protéger les cellules
• Carotte: prévient les maladies cardiaques et nettoie le corps

Ingrédients:

- Pomme - 1 moyenne 180g
- Betterave - 1 betterave de 80g
- Carottes - 2 grandes 141g

Préparation:

- Lavez tous les ingrédients. Eplucher si nécessaire.
- Les mettre tous ensemble dans la centrifugeuse pour en faire un jus.

Nombre de calories: 95

Vitamines: vitamine A 837µg. La vitamine C 13.5mg, vitamine B-6 0.21mg, vitamine E 0.88mg, la vitamine K 16.1µg, calcium 49 mg, 0.90mg de fer

Minéraux: 0.121mg de cuivre, de magnésium 31 mg, 71 mg de phosphore, sélénium 0.4µg, Zinc 0.47mg

48. Merveille en Trois

"Merveille en Trois" est une recette simple de jus qui peut être servi à toute la famille. N'hésitez pas à l'essayer et voir les résultats; Ce jus va vous apporter des choses positives dans votre vie, pour votre santé et le look d'un corps sain. Voyons comment le préparer et ce qu'il va apporter.

Pomme: Augmente la densité osseuse, stimule le système immunitaire et réduit le cholestérol

Betteraves: régénère et réactive les globules rouges et les réserves d'oxygène frais à l'organisme

Patate douce: Joue un rôle important dans nos niveaux d'énergie, l'humeur, le cœur, les nerfs, la peau et les dents.

Ingrédients:

- Pommes - 2 moyennes, 360g
- Betterave - 1 betterave de 80g

- Patate douce - 135g

Préparation :

- Lavez tous les ingrédients. Eplucher si nécessaire.
- Les mettre tous ensemble dans la centrifugeuse pour en faire un jus.

Nombre de calories: 175

Vitamines: vitamine A 643µg, vitamine C 16.5mg, vitamine B-6 0.331mg, vitamine E 0.71mg, la vitamine K 7.3µg, calcium 51 mg, Fer 1.31mg

Minéraux: 0.247mg de cuivre, de magnésium 48 mg, 92 mg de phosphore, sélénium 0.8µg, Zinc 0.56mg

49. Soirée des Saveurs

Plus d'excuses quand il s'agit de perdre du poids. "Saveur du soir" est une excellente recette de jus qui est parfaite pour le travail. Vous devez en boire le matin pour en obtenir le meilleur pour le reste de la journée. Ce jus ne prendra pas plus de 5 minutes pour le préparer, et pour ces 5 minutes, vous aurez des résultats impressionnants! Découvrez ce qui vous attend.

- Betterave:
- carotte:
- céleri:
- concombre:
- poire:
- Racine de gingembre:

Ingrédients:

- Betterave (or) - 1 betterave 80g
- Carottes - 3 grandes 215g
- Céleri - 4 tiges, grande 255g

- concombre - 150g moitié de concombre
- racine de gingembre - 1/2 pouce 11g
- Poire (bosc) - 1 moyenne 174g

Préparation:

- Lavez tous les ingrédients. Eplucher si nécessaire.
- Les mettre tous ensemble dans la centrifugeuse pour en faire un jus.

Nombre de calories: 147

Vitamines: vitamine A 1304µg, vitamine C 25 mg, vitamine B-6 0.462mg, vitamine E 1.66mg, vitamine K 1.82mg, calcium 158mg, 1.73mg de fer

Minéraux: 0.334mg Cuivre, Magnésium 75mg, 161mg de phosphore, sélénium 1.7µg, Zinc 1.15mg

50. Le temps des Légumes

Voici une excellente recette de jus que vous devez essayer. Si vous suivez un régime ou si vous voulez avoir un corps sain, ce jus vous aidera. Il est facile à préparer et vous devriez en boire le matin, comme une collation supplémentaire. Avec des ingrédients élevés en éléments nutritifs importants et très faibles en calories, il vous aidera à accélérer votre progression. Voyons quels sont les avantages qui vous attendent avec cette recette.

- Betterave: Elle combat l'inflammation et réduit votre pression artérielle
- Carottes: Grande source de bêta-carotène qui réduit le risque de cancer
- Céleri: Réduit le taux de cholestérol et régule l'équilibre alcalin
- Persil: Excellent purificateur et constructeur du sang
- Poivre: possède des propriétés antibactériennes et a effets antioxydants

- Radis: Un excellent moyen de satisfaire la faim et de garder un faible apport calorique
- Tomates: La fibre, potassium, vitamine C et choline contenus dans les tomates supportent tous la bonne santé du cœur.

Ingrédients:

- Betterave – 1 betterave de 81g
- Carottes - 2 moyennes, 121g
- céleri - 2 tiges, grandes, 125g
- persil - 4 poignées, 160g
- Poivre (jalapeno) (graines / côtes enlevées) - 1 poivron de 13g
- Radis - 12 moyens, 50g
- Tomates - 4 tomates italiennes 246g

Préparation:

- Lavez tous les ingrédients. Eplucher si nécessaire.
- Les mettre tous ensemble dans la centrifugeuse pour en faire un jus.

Nombre de calories: 100

Vitamines: vitamine A 1273μg, vitamine C 200.4mg, vitamine B-6 0.51mg, vitamine E 2.92mg, la vitamine K 1890.3μg, calcium 254mg, 8.45mg de fer

Minéraux: 0.403mg Cuivre, Magnésium 113mg, 190mg de phosphore, sélénium 1.1μg, Zinc 2.11mg

Autres Grands Titres de cet Auteur

95 Recettes de Repas et de Boissons

Soyez Plus Grand, Plus Fort et Bien Bâti

95 Recettes de Repas et de Jus

Pour Diabétiques

Un Livre pour la Nutrition Quotidienne

Des Diabétiques

50 Recettes de Jus pour Abaisser votre Pression Sanguine

Réduire votre Pression Sanguine Facilement

www.ingramcontent.com/pod-product-compliance
Lightning Source LLC
Chambersburg PA
CBHW070147080526
44586CB00015B/1880